EIN ROMÄNCHEN VON 1966 AUS 2022 UND WEITERE GEHIRNSALATE VON GERD STEINKOENIG

VON GERD STEINKOENIG

© 2023 Gerd Steinkoenig
Herstellung und Verlag: BoD - Books on Demand, Norderstedt
ISBN: 9783757817749

**VORWORT**

Gerd Steinkoenig

18 Min.  ·

Ich hatte mal dieses Pink Floyd- Vinyl-Album MORE (1969). Nur die Insider kennen dieses Album! Die Mainstreamer - wenn sie überhaupt PF kennen - hören nur die "Gassenhauer" wie Another Brick In The Wall, Time, Wish You Were Here. In diesem Album ist musique concrete, Soundexperimente, ohne schxxx Mainstream. Am Anfang meiner Plattensammlung hatte ich immer Neugierde mit neuen Sounds: Progrock mit Pink Floyd, die 70er Genesis, Yes, Supertramp etc. Paralell (auch heute noch) habe/hatte ich die diversesten Genres von Led Zeppelin bis Deep Purple bis Rainbow (Hardrock) und Disco (Donna Summer, Chic) und New Romantics, Punk, Blues, CountryRock, Motown, Hip Hop, Jazz etc... Heute bin ich allein da, weil das keinem mehr interessiert. Die Musikdiskussionen sind ausgestorben. Ich hatte natürlich schon Versuche, aber keine Chance (hä? Was? Ist Genesis aus der Bibel...). Musik hat 2023 keine Kultur! Allahopp, ich schxxx drauf und höre selbst dieses geile More-Album oder mein neuer Sampler Music from Africa (vorgestern erworben) oder ich mach visuelle Zeitreisen bei you tube (z.B. Musikladen aus den 70ern mit The Police, Meat Loaf, Boney M etc) oder meine Lieblingsalben wie Wind and Wuthering von Genesis etc oder lesen in meinen über 50 Musikbüchern... C P Gerd Steinkoenig  11.06.2023

Pink Floyd - More Full Album 1969

YOUTUBE.COM

Pink Floyd - More Full Album 1969

## EIN ROMÄNCHEN VON 1966 AUS 2022

Dieses Romänchen hatte ich Ende 2022 geschrieben, hatte Insprrationen von 2 Autorinnen aus dem facebook. Endlich was Neues von meinen Büchern! Endlich ein Roman! Na ja, es ist nur ein Romänchen - für mich trotzdem geil... Verflechtungen von Gerd Steinkoenig über sein Leben bis zu Romanheld "Bert Mangold" eingewoben als Zeit-Romänchen. Und dementsprechend die richtigen Zeitformate erstellt... Ich hatte aus technischen Gründen kein Buch gehabt, aber jeeetzt!! Leider nur mit diesen Fotos als Ersatz. Sorry! Aber ich muss es doch veröffentlichen, hihihi...

KAPITEL 1

--------------------------------

Sommer 1966 in West-Berlin, ich schlief und in Zehlendorf - in einem VW Käfer... Auf dem Fahrersitz
träumte ich aus der Zukunft! Da war das Jahr 2022 und ich hatte tatsächlich eine Top 10 haargenau
Kopfkino. Ich wusste nur nicht was da war.

Die Top 10 aus meiner CD-Sammlung (07.11.2022)

1) The Dark Side Of The Moon (Pink Floyd)

2) Wind & Wuthering  (Genesis)

3) 1967-1970 (The Beatles)

4) ...and then there were three (Genesis)

5) Echoes - The Best of (Pink Floyd)

6) Greatest Hits (Neil Young)

7) "Untitled" (Led Zeppelin)

😎 Hounds Of Love (Kate Bush)

9) Fugazi (Marillion)

10) 75 Super Oldies (Diverse)

Der Typ hieß Gerd Steinkoenig! Diesen Namen hatte ich auch in meinem Traum. Und ich wusste nicht was da war: was ist eine CD? Ich nehme an, es müsste um Musik sein, wegen 75 Siper-Oldies und Diverse und Greatest Hits von einem gewissen Neil Young. Und natürlich keine Ahnung von einem Pink Floyd oder von einem Led Zeppelin. Mmh, bei Led Zeppelin könnte es vielleicht eine Band sein. Und ist Genesis was von der Bibel?

Langspielplatten kenne ich, Singles auch, immer mit A-Seite und B-Seite. Aber was ist eine CD? Nun, ich war im Traum von 2022. Sicherlich ist das Science Fiction. Mit diesen großen Computern bei den Reichen oder so. Aber warum mit solch einem Traum, in Berlin-Zehlendorf in einem VW Käfer... Denn ich bin Bert Mangold und bin Geheimagent!

## KAPITEL 2

------------------------------

Ich fingerte am Hintersitz, denn ich suchte nach einem Hinweis. Einfach so! Aus Instinkt, aus was
könnte ‚möglich sein. Warum? Seit 4 Tagen suche ich nach einem Foto: schemenhaft, dunkle Schatten,
ich weiß nur, es ist ein Mann. In meinem VW Käfer hab ich ein "Büro". Alles dabei mit Akten,
Kaffeebecher, Kleidung für die Tarnung... Daher: einfach mal gucken beim Hintersitz... Aufeinmal nahm
ich ein ominöses Papier auf! Und schon wieder dieser Gerd Steinkoenig! Darin stand:

Gerd Steinkoenig

20 Std.

Mit Deine Freunde, Gerds Freunde und Gerds Freunde geteilt

ZEIT Version 2022 - 10 Jahre nach meiner 1. ZeitLyric (2012 im Wochenblatt KL)

Zeit ist wie immer

Aber heute sind Menschen anders

Bei alten Filmen, Serien, Musik

Ist eher mit Liebe, Emotionen, Gemeinschaft

Und natürlich ich selbst in den 60ern, 70ern, 80ern

Heute aber mehr Egoismus, Frechheit, Dummheit, Oberflächlichkeit

Zeit ist wie immer

Gestern (09.11.22) an meinem 63. Geburtstag

Hatte ich bei der DeezerWerbung einen Kommentar und meinte zB

Für gute echte Musik ist Genesis, Pink Floyd, Beatles, Led Zeppelin etc

Immerhin 7 Likes und 1 guter Kommentar

Aber auch Beleidigungen: alter Mann, geh schlafen, Musik vorm Weltkrieg

Ich scheiß drauf, hab nur gelacht mit solch einfältigen "Menschen"

Zeit ist wie immer

Und ich dachte, wenn diese einfachen, unterirdischen jungen Leute agieren

Kommen daher Trump2024-Jünger? Internet-Propaganda? Verschwörer?

Zeit ist wie immer

Die Menschen waren immer so - Human Nature

Die Jungen waren immer so

Wegen Protest, Politik, Musik, Lebenssinn

Aber heute sind Menschen anders

Durch Internet könnten wir Weltgemeinschaft kreiren

Ich hab zB facebook-Freunde aus Germany, Austria, USA, Russia, UK,

Netherland, Israel, UAE, Nigeria, Japan, Australia and many more

Leider ist 2022 Haxxxx (darf ich gar nicht schreiben, sonst habe

Ich wieder Strafe), also viele böse Menschen im Internet

Leider ist trotz facebook, Instagram, Twitter, Tik Tok etc

Ich hab zB facebook-Freunde aus Germany, Austria, USA, Russia, UK,

Netherland, Israel, UAE, Nigeria, Japan, Australia and many more

Leider ist 2022 Haxxxx (darf ich gar nicht schreiben, sonst habe

Ich wieder Strafe), also viele böse Menschen im Internet

Leider ist trotz facebook, Instagram, Twitter, Tik Tok etc

Keine Weltgemeinschaft

Zeit ist wie immer

Man könnte alles wissen vom Internet

Ruckzuck in 1 Minute und muss kein Buch suchen (wenns da ist)

Aber die Menschen sind trotzdem doofer wie 1976 oder 1982

Zeit ist wie immer

10.11.2022 Gerd Steinkoenig  Gerd F Steinkoenig  Gerd Gerd

----------------------------------

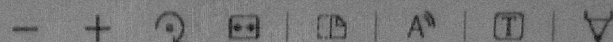

Zeit ist wie immer

10.11.2022 Gerd Steinkoenig  Gerd F Steinkoenig  Gerd Gerd

---

Schon wieder aus der Zukunft und vorallen real! Vor Kurzem nur ein Traum, aber diesmal real! Aus der Zukunft! 2022! Was ist ein facebook? Mmh, heißt eigentlich Tagebuch. Aber warum "Deine Freunde"? Und was ist Instagram? Was ist eine Internet-Propaganda? Überhaupt mit diesem sogenannten Interne Vielleicht ein internationales Netz von Geheimagenten? Oder vielleich ein internationales Netz von Geheimorganisationen wie mein BND, und CIA, MI 6, KGB oder Mossad? Ist Tik Tok ein Uhren-Hinweis? Oder wegen der Zeit? Wegen der Zukunft? Und warum sind die Menschen von 2022 doofer? Nun, ich frühstückte in meinem Hotel - 3 km von meinem Käfer - erst mit Porridge, 2 Scheiben Brot mit Butterkäse und eine Kanne schwarzen Kaffee ohne Zucker, natürlich mit Tasse... Und ich überlegte... Es geht ja um die Zeit. Steht ja da. Und nochmal 10 Jahre zuvor. Ja, und er hatte am 9.11. Geburtstag. Und 9.11. könnte für mich ein Politikum werden: Reichskristallnacht! Er ist 63 Jahre, also war sein Geburtsjah 1959. Ich entschied mich, das Ganze im Moment alleine zu machen. In Berlin ist man sonst meschugge - von wegen aus dem Jahr 2022...

## KAPITEL 3

---

"Hallo Bert" - es war meine Kollegin Monika Lehmann und ich kenne sie natürlich und sie ist sehr neugierig. Das ist ja unsere Natur. Also doch nicht allein mit 2022-Recherche...

"Hallo Moni, alles klar?"

" Ja, alles klar, aber du bist irgendwie zerknautscht. Haste mal wieder in deinem Käfer geschlafen?"

"So ist es" - und Moni schaute mich genau an und meinte: "Was ist?"

Bevor ich ellenlang mit ihr diskutiere und sie doch wieder "mit dem Blick" schaute - hab ich gleich zu ihr gewandt: "was weißt du von 2022, Internet, Genesis, nur ein paar Worte von allen. Und ein gewisser Gerd Steinkoenig. Es ist mysteriös". Und hab Moni alles erzählt von meinem Traum und dem Zettel aus meinem Hintersitz. "Gerd Steinkoenig hab ich nie gehört! Hast du immer noch nicht dein verschwommenes Foto? Und warum 2022?? Und was ist ein Internet??"

"Es könnte ja sein, das es um eine internationale Verschwörung geht mit den diversen Geheimdiensten. Außerdem: 2022 ist Zukunft! Das ist in 56 Jahren. Vor 56 Jahren war ungefähr 1910. Technisch war ja kaum was. Also, was wohl sein könnte im Jahr 2022?! Haste mal die 50er US-Science Fiction-Filme gesehen? Verstehst du?"

"Wir machen alles, wir sind Geheimagenten. Aber du redest von 2022! Du hast geträumt und bei deinem Chaos im Auto war nur ein blöder Zettel". - "Ach ja? 1) das ist kein Auto, das ist ein VW Käfer 1200! 2) du redest Unsinn! Kein Hausfrauenquatsch, sondern Geheimagenten-Tacheles." - "Jetzt ist er beleidigt" und Monika Lehmann lachte. "Ich geh in den großen Computerraum in meinem Geheimheim, das dauert mit den Lochkarten. Ich prüfe mal ins Blaue mit 2022, Gerd Steinkoenig". -"OK, danke Moni".

Monika ist sehr zuverlässig und vertrauensvoll. Sie ist sozusagen meine Lieblingskollegin. Ein Mysterium ist bei Moni "das Geheimheim". Egal in welcher Stadt, Moni hatte immer obskurse Häuser oder Buden oder Zimmer... Sie lachte jedesmal und kicherte: "Tarnung!".

3 Tage später wartete ich auf Monika für die neuen Infos. Währenddessen hörte ich mein Autoradio: der aktuelle Hit "Sunny Afternoon" von den Kinks. Sie rannte aufgeregt zu meinem VW Käfer und redete sofort: "Stell dir vor, Bert! Ich hab das Foto von Gerd Steinkoenig gefunden. Das Foto ist total klar! - "Aber..." - "Moment! Dieser Steinkoenig ist der Selbe wie bei Deinem Suchfoto und mit Deinen 2022-Sachen!" -"Was?? Ist das Zeitreise? Oder kommt dieser Steinkoenig von 2022 zu 1966?? Das ist unglaublich! Unser BND lacht..." - "Aber wir ziehen es durch. Ganz nüchtern, pragmatisch, vernünftig und trotzdem den Aspekt annehmen: womöglich eine Zeitreise von 2022 zu 1966!." - "Vielleicht ist es ja eine Verarschung, von wegen Zeitreise" - "Bert! Du hast es schon gesagt: die 10 Musik-LPs oder CDs, Internet, internationale Verschwöring, immer aus dem Jahr 2022." - "Mh, ja, OK, Du hast recht, vernünftig den Aspekt Zeitreise annehmen". Ausgerechnet in diesem Moment klingt aus dem Autoradio "Tomorow Never Knows" von den Beatles.

KAPITEL 4

---------------------------------

Gerd Steinkoenig

18.11.2022

ZEIT UND LEBEN

1959 - rein in das Erdenleben

1964 - In Schifferstadt gewohnt (das 1. Elternhaus), in Mutterstadt mit Großvater (echte Mäuselöcher im Wald - gezählt, 1, 2, 3, 4..., und gewartet von Baumkrone zu Baumkrone mit der Sonne, damit Großvater nach seinem Schläfchen auf der Bank Bescheid wusste..., DAS waren Zeiten)

1966 - In Enkenbach gewohnt, Kiesinger wurde Bundeskanzler, Ali gewinnt nur mit Punkten den Lautrer Karl Mildenberger, Wembley-Tor beim WM-Finale, Revolver-LP von den Beatles etc etc... Davon weiß Ich natürlich nichts - erst später... Ich war 6 Jahre jung. Zeit ist relativ. Ali hatte in 4 Monaten 3 WM-Kämpfe (damals 15 Runden - wie die Filmreihe Rocky - heute 12 Runden), heute haste nur 1 WM-Kampf oder noch mehr (1966 nur 2 Weltverbände, heute gefühlte 1000...). Zeit ist relativ. Formel 1 war normal, wenn ein Rennfahrer beim Grand Prix stirbt - keine Sicherheit, einfach Wiese oder Bäume... Heute bei der Formel 1 ist es sehr sehr selten mit so viel Sicherheit, das das Formel 1-Rennen mittlerweile langweilig ist... Oder die Musik: The Beatles hatten jedes Jahr ein Meister-Album, heute haste bei den Superstars nur alle 3 oder 4 Jahre ein Album...

1970 - erstmals in die Großstadt: Kaiserslautern. Und erstmals mit meinem Vater de Betze, der FCK!

1972 - mein "offizielles" Elternhaus"! Diverse Leben im Hausleben! Viele Leben von Mutter, Vater, ich. Die Wände wissen es heute noch. Aber DAS Elternhaus in Schwedelbach wurde im September 1972 geboren, Dezember 2021 gestorben.

1973 - MEIN Jahr! Das ist einfach alles dabei! "Volkshauptschule" Weilerbach mit der famosen Lehrerin Barthels. In den 70ern hatte ich auch schlechte Lehrer (Herr Bach!!), aber ich hab den Zeitgeist erleben dürfen. Die Barthels mit 20h-Tagesschau für eine Woche-Referat für uns, Floh de Cologne-Konzert (der Einzige war nicht da - ich, wegen Vater, grrrrr...), Spiegel-Hefte etc. Durch sie hatte ich mein Politikverständnis bis heute! In der Handelsschule war auch mal (mit Musik beim Plattenteller) TIME von Pink Floyd mit Textanalysen! Oder in der Handelsschule Literaturunterricht mit Brecht, Schnurre, Dürrenmatt, Luise Rinser (Die rote Katze)... Kannste heute vergessen.... Ja, und in EINEM Jahr 1973 meine 3 Lieblingsbands (obwohl ich die LPs nicht kannte, war ja 73 mit Bravo, Sweet und so - aber The

Bestles auch! Und Deep Purple durch einen Nachbarn! Und natürlich ZDF-Hitparade (Bernd Clüver und so). Also die 4 LPs aus meinen 3 Favoritenbands: 1962-66 (Beatles), 1967-70 (Beatles), Selling England By The Pound (Genesis), The Dark Side Of The Moon (Pink Floyd - mein ewiges Nr 1-Album!)...

1976 - ich war öfter in KL durch die Handelsschule ab 1974, aber das Nachtleben war ab 1976 durch die Lehrstelle in KL und mit meinen Freunden in Rodenbach (Supersommer Schwimmbad Rodenbach).

1977 - in KL Old Vienna, Smile, Neugierdenacht, Lebensfreude, Goldener Oktober, the legendary 18. Birthday (sorry, Mutter)...

1979 - Bundeswehr Gerolstein W 15 von 9/1978 bis 12/1979! Das größte Erlebnis (eigentlich Gefühl) war im Wachraum, wo man nachts schläft, bevor wieder die Wache ist. Kleines Fensterchen, Kleinkofferradio auf dem Fensterbänkchen, dunkel, melancholisch und dann läuft NATURTRÄNE von der Nina Hagen Band! Noch heute,wenn ich den Song höre.. Und Wintex, Die Gremium-Leute, Blackburn City etc etc... Da sind zig Erlebnisse... Und außerhalb vom Bund: privat mit Leuten wie in der Backstew Daun, Why Not Mayen...

DIE ACHZIGER ist ALLES: hab bei diversen Büchern viel geschrieben! Die JVA-Arbeit (Verwaltung) in Mannheim, HeidelbergNights, Konzerte von Genesis und Pink Floyd und Udo Lindenberg und Steve Hackett und Stevie Wonder und U 2 und Marillion und Helen Schneider, und BAP und Jethro Tull (3x) und Neil Young (2x) und Tribute etc etc..., meine Freundinnen, meine Verlobte, die Autos, die Nächte, die Jobs im Lager und Materialverwaltung und Lebensmittelhandel und US-Army und Immobilien (Eigentumswohnungen) und Versicherungen (Iduna) und Wachmann etc etc..., Globetrotter-Tour 1986 (DAS Leben meines Lebens) mit "Chocolata", Frankreich, Spanien, Schweiz (inkl "Tschernobyl-Freak") mit zeitloses, glückliches Leben...

DESWEITEREN.... Ende 1992 war ein Bruch (Verlobte weg etc) und dadurch waren die 90er scheiße, später war wieder alles gut, aber die 70er und 80er waren vorbei... Jobs wie 2005-Sommer und Stadtverwaltung Referat Kultur und OK-KL-TV..., 2014/15 sogar "Champions League" und Umzug von KL (98-15) nach SÜW. Job als Seniorenbetreuer.

2017 - Nach 1973 DAS Jahr meines Lebens! Ich merkte, da ist was, aber ich hab es nicht gerafft, im September 2017 war Schlaganfall und ich hab viele Zeilen in meinen Büchern (Alzey, Lebenssonne-Lyric, Momentums etc etc...). Das neue Leben ist viel besser - danach ist besser als davor! Mit Reinheit,

Gelassenheit, Gesundheit!

PS: Mein treuestes Lebewesen, moi Katzemäädsche Molly R.I.P 2005-2021

PS II: Jetzt issa erwachse (Zitat mein Vater, 2015)

"Gerd Steinkoenig hat geschrieben! Mit Schreibmaschine. Ich sah das Papier auf meinem Schreibtisch. Das ist crazy! ER IST HIER!! Aber garantiert nicht mit 6...", sagte aufgeregt Monika Lehmann. "Warum 6?? Und warum im BND, warum auf Deinem Schreibtisch?", rätselte Bert Mangold. "Lies erst! Sorry! Bin echt durcheinander. Es MUSS ein Spaßvogel sein. Aber er wusste von diesen Musikern wie Genesis oder Pink Floyd. Und was er in der Schule geschrieben hat: ein Lehrer macht Rockmusik. Das gibts doch nicht...", zweifelte Moni. "Ich habs überflogen, wir müssen es detailliert analysieren über seine Vita. ", sinnierte Bert, "außerdem, es ist anscheinend sein Leben, vielleich war was mit seinem Vater. Aber was sollen wir machen. Es ist ein großes Zeiträtsel...".

Monika referierte:"Die allgemeine Relativitätstheorie ( anhören?/i; kurz ART) beschreibt die Wechselwirkung zwischen Materie (einschließlich Feldern) einerseits sowie Raum und Zeit andererseits. Sie deutet Gravitation als geometrische Eigenschaft der gekrümmten vierdimensionalen Raumzeit. Die Grundlagen der Theorie wurden maßgeblich von Albert Einstein entwickelt, der den Kern der Theorie am 25. November 1915 der Preußischen Akademie der Wissenschaften vortrug. Zur Beschreibung der gekrümmten Raumzeit bediente er sich der Differentialgeometrie.

Die allgemeine Relativitätstheorie erweitert die spezielle Relativitätstheorie und das Newtonsche Gravitationsgesetz und geht in diese über bei hinreichend kleinen Raumzeitgebieten bzw. Massedichten und Geschwindigkeiten. In zahlreichen Tests der allgemeinen Relativitätstheorie wurde sie experimentell bestätigt und gilt in der von Einstein formulierten Form als einzige allgemein anerkannte Gravitationstheorie.

Ungeklärt ist ihre Beziehung zur Quantenphysik, dem zweiten Grundpfeiler der modernen Physik des 20. Jahrhunderts. Daher gibt es noch keine vereinheitlichte Theorie der Quantengravitation."

Bert meinte verdattert: "Es könnte womöglich tatsächlich zwischen Raum und Zeit handeln. Also von 2022 zu 1966. Aber was will eigentlich dieser Steinkoenig mit mir sprechen oder verhandeln?"

15

Ungeklärt ist ihre Beziehung zur Quantenphysik, dem zweiten Grundpfeiler der modernen Physik des 20. Jahrhunderts. Daher gibt es noch keine vereinheitlichte Theorie der Quantengravitation."

Bert meinte verdattert: "Es könnte womöglich tatsächlich zwischen Raum und Zeit handeln. Also von 2022 zu 1966. Aber was will eigentlich dieser Steinkoenig mit mir sprechen oder verhandeln?"

KAPITEL 5

--------------------------------

Der Lange schaute wohlwissend, vorfreudig und ging in den Sprung. Es wurde schnell, keine endlose Strecke, nur 1 Minute und schwupps war er im Jahr 1966. Er war neugierig und freudig. Diese alten Autos mit individuellem Touch - nicht von 2022 mit uniformierten Windkanal-Autos, diese alten Moden aus den 1960ern - wie aus den Edgar Wallace-Filmen, diese Etikette und Anstand von 1966 - ohne gröhlende Alkoholiker... Der Lange weiß ja, das schon 1967/1968 die APO waren, von Benno Ohnesorge bis Rudi Dutschke, von den Hippies und Langhaarigen - 1966 sind die Beatles noch Pilzköpfe, 1967 sind sie Langhaarig... Für ihn war es der Zeitwahnsinn: jetzt, 1966, sieht er an einem Schaufenster kleine Fernseher mit immerhin 2 Programmen und schwarz/weiß... Dann sah ich diesen VW Käfer 1200 - natürlich ist es Bert Mangold hinterm Lenkrad, denn er kannte ihn... Ach ja: er ist Gerd Steinkoenig!

\-\-\-\-\-\-\-\-\-\-\-\-\-\-\-\-\-\-\-\-\-\-\-\-\-\-\-\-\-

## KAPITEL 6

Warum beobachtete der Typ über mich? Moment mal! Der sah anscheinend aus, wie dieser Steinkoenig aus dem Foto! Das gibts doch nicht! 1966 war dieser Mann ein 6jähriger Junge, jetzt ist er 63... Die Zeitreise ist tatsächlich echt!

Mit dem Walkie Talkie sprach ich schnell zu Monika, meiner Kollegin: "Gerd Steinkoenig ist da! Hier und Jetzt!" - "Was? Ach du meine Güte! Ich bin sofort da."

Steinkoenig sprang flugs in den VW Käfer und lachte gleich als Erstes: "Walkie Talkie, das ich sowas nochmal erleben darf... 2022 ist mobiler Smart Phone mit Telefonie, Fotografie, Internet". Und amüsierte sich über mein verdutztes Gesicht.

Moni klopfe auf den Beifahrertürfenster und prüfte paralel auf diesen Zeitmenschen - Auge um Auge. Gerd Steinkoenig frotzelte gleich zu meiner Kollegin: "Hallo Monika Lehmann! Kennen Sie Smart Phone? Oder HD-TV?" Moni wollte... - aber ich war ungehalten und machte ihn scharf an: "Was soll das? Wie bist du von der Einstein-Zeitmaschine zu mir ins Jahr 1966? Was wills du von mir? Bist du ein Doppelagent? Wegen einer Geheimdienstverschwörung?" Steinkoenig lachte und lachte und hatte Lachtränen in den Augen. Er beruhigte mich mit seinen bejahten Händen und analysierte sofort: "Für mich war es ein Spiel...." - "Aber..." - "Moment, lieber Herr Mangold! Ich hatte tatsächlich eine Zeitmaschine-Uhr und zwar hab ich es einfach gefunden in einem alten, verlassenen Brunnen. Ich bin Historiker und bemerkte von diesem Jahr 1966 in Berlin-West von Ihnen! Sie sind, Herr Mangold, schließlich eine historische Person, inklusiv Monika..." - "Momemt! Warum 1966? und vorallem: warum bin ich und Moni eine historische Person? Und was ist mit dieser Verschwörung?" - "Beruhigen Sie sich! Ich erkläre es Euch! Später Mitte der 1970er war ich Berlin-Fan wegen David Bowie, die Clubs etc. Und durch den Zeitsprung dachte ich, durch Euch kann ich  ins Jahr 1966 springen. Ich war erst 6, aber nun 1966 mit 63 das Berlin-Jahr zu sehen ist echt geil! Ihr wisst ja nicht was alles kommt. Ich hab von 1966 bis 2022 alles gesehen. Aber was soll ich Euch alles sagen? Mit der Zukunftsgeschichte?" - "Ja, sprich!".

In dem Moment grätschte Monika Lehmann. "Bert, das sind Jahrzehnte! Die ganze Geschichte... Die UdSSR... Der Kalte Krieg... Die Berliner Mauer...". Bert überlegte und meinte: "Warum bist Du ein Berlin-Fan? Und wer ist dieser David Bowie? Ein Geheimagent?" -"Bowie war ein Rockmusiker..." - "Rockmusiker?" - "Herr Mangold! Kennen Sie Rock n Roll oder Beat? Und in Zukunft ist es eben Rockmusik... Oder Pop oder Hip Hop oder... Egal! Wissen Sie was Herr Mangold und Frau Lehmann: ich sprech ein bisschen und es ist der Grund, warum ihr einen historischen Aspekt habt... 1970 kommen die Ostverträge mit Polen und der UdSSR mit Bundeskanzler Willy Brandt, die Oder-Neiße-Grenze wird anerkannt. Am 9. November 1989 (an meinem Geburtstag) kommt der Mauerfall, eine friedliche Revolution ohne Waffen in Deutschland, 1990 Deutschlands Wiedervereinigung! Also Für Euch 1966: BRD + DDR = Wiederverweinigung. Kein Warschauer Pakt mehr, große NATO, also auch z.B. Polen ist NATO. Und auch die EU, da ist Polen auch dabei. Die jetzige EWG wird viel später diese EU. Oje, wenn ich dran denke, was 2022 alles ist, ich sag nichts mehr. Herr Mangold, Frau Lehmann, ihr seid die Einzigen, die es wissen!! Ich nehm an, ihr wisst Bescheid, wenn ich an Eure Historie denke... Ach ja: und seid vorsichtig von einem gewissen Donald Trump! Und tschüss".

In 1 Minute ist Gerd Steinkoenig wieder retour ins Jahr 2022 und Bert und Monika gucken perplex mit offenen Mündern...

-------------------------------------

C P Lebenssonne Gerd 20. November 2022

ZAPPA!! DIE MAINSTREAMER KENNEN NUR "BOBBY BROWN"...

**Alles was man braucht,
um Politiker zu sein,
ist ein grauer Anzug,
ein lahmes Grinsen und
ein Slogan zur Eindämmung
der Kriminalität.
Frank Zappa**

**Monika**

Ich hatte schon vor ca. 40 Jahren sein Poster im Flur hängen.

Antworten8 J.

**Ilona**

dann wäre er wohl besser Politiker geworden

Antworten8 J.

**Ralf**

Nur weil so manche seine Musik nicht verstanden haben war er noch lange kein

**Arschloch!! Fränki hättest doch Musik im ABBA Sound machen sollen!!** 🐱

**Antworten8 J.**

**Irene**

**Nicht nur ein genialer Musiker,er ist leider zu früh gestorben.**

**Antworten8 J.**

**Harald**

**Leider "viel zu früh verstorben"** ☹ **Zappa traute sich was, solche Menschen mag ich**

Aus dem facebook! Frank Zappa war tatsächlich ein genialer, vorausschauender, zynischer, kreativer Rockmusiker mit vielen Horizonten mit allen Genres. Momentan hab ich leider nur eine CD: "The Last U.S. Show". Ich bräuchte noch Filmore East 1971, Joe's Garage, Zoot Alures... - hatte ich, aber Vinyl (hatte ich entsorgt...).

**ANNWEILER AM TRIFELS**

Das erste Foto: Juni 2015 (die ersten Tage in meinem neuen Wohnort Annweiler), das zweite Foto: Juni 2023 (Collage).  Es sind nur 8 jahre - mit sehr vielen Veränderungen...

Bei meinen Büchern ist Annweiler am Trifels oft dabei (auch bei vielen Titelbildern).

# WEISHEITEN, SPRÜCHE, GAGS

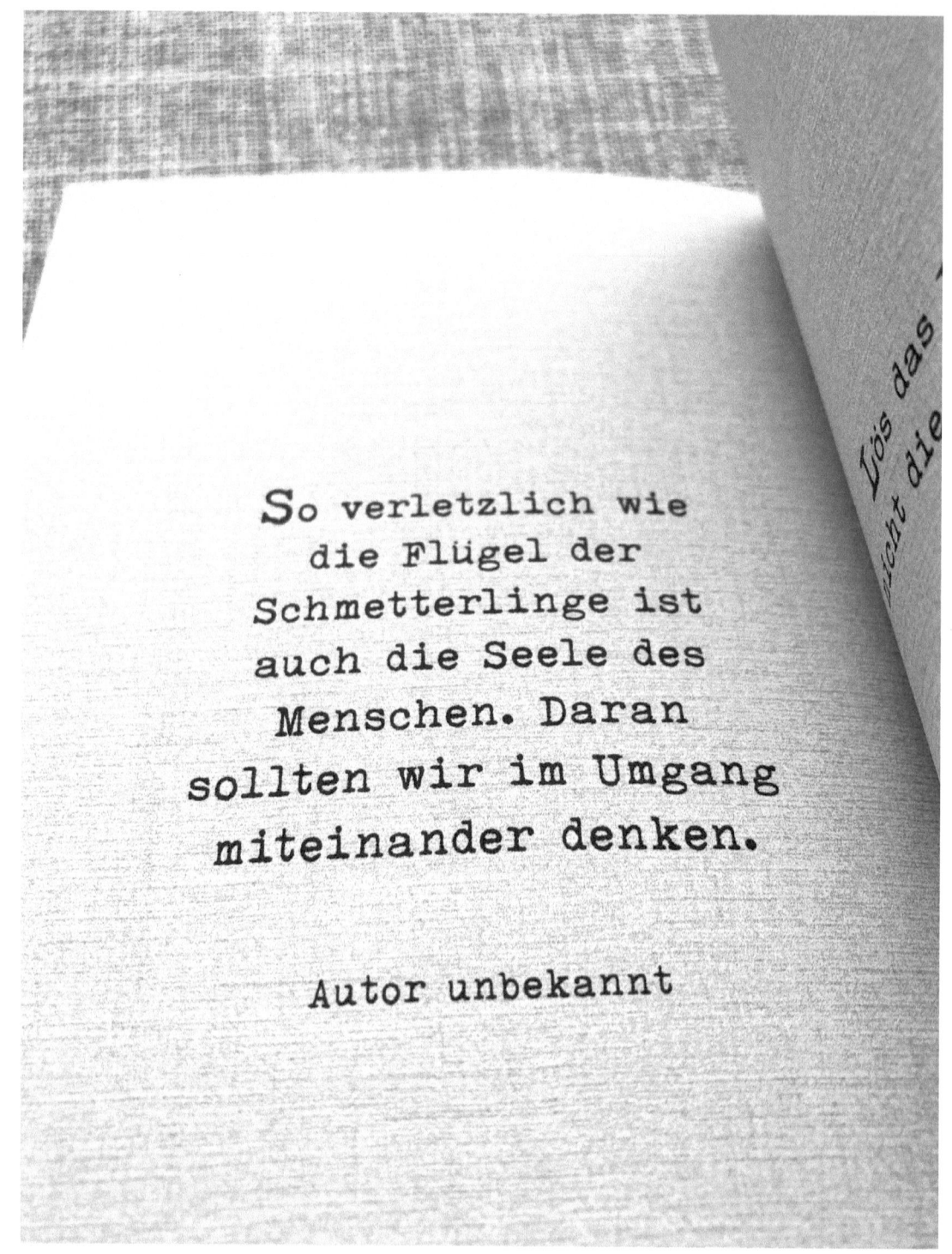

So verletzlich wie
die Flügel der
Schmetterlinge ist
auch die Seele des
Menschen. Daran
sollten wir im Umgang
miteinander denken.

Autor unbekannt

**aus: Der letzte Idealist II**

Christopher

Die Seele des Menschen ist unantastbar und kann nicht verletzt oder Krank werden.

Was verletzt werden kann ist unser Ego, Verstand und Herz.

Antworten13 Min.

Steffi

Danke, wahre Worte und genau so isses 😊🐞🐞🐞👍💔

Antworten2 Tage


Top-Fan

Irini

👍sehr schön geschriebene Worte, die man sich zu Herzen nehmen sollte

Antworten2 Tage

Uschi

Wahre Worte!


----------------

Gerd Steinkoenig

1 Tage

.

Mit Deine Freunde, Gerds Freunde und Gerds Freunde geteilt

Punk de luxe 1977!! Here Comes The Sex Pistols!! Besonders GOD SAVE THE QUEEN!! Ich war um die 18. Mit den frühen Genesis, Pink Floyd , Yes und so... Für mich war Hardcore nur Highway Star von Deep Purple. Dann aufeinmal God Save The Queen!! Ich war schon immer Rebell- besonders mit 18... Jetzt bin ich 63 und immer noch Rebell: weniger Freiheit wegen dem 2017er Schlaganfall, zu viele stromlinienförmige Betreuer (obwohl sie cool sind, aber zu viel modern Mainstream lifetime)... Mittlerweile hab ich ein ganz anderes Verhältnis von diesem Song, wie ich 1977 oder 1982 drauf war, oder nun 2023. Natürlich hab ich meine positive Energie mit Zielen und Plänen, aber Johnny Rotten hat 2023 mehr Recht als 1977: noo future, noo future... Hach, ich muss diese geile Rotze wieder gleich hören!!  C P 13.06.2023 Gerd Steinkoenig  Gerd Gerd  Gerd F Steinkoenig

Sex Pistols - God Save The Queen

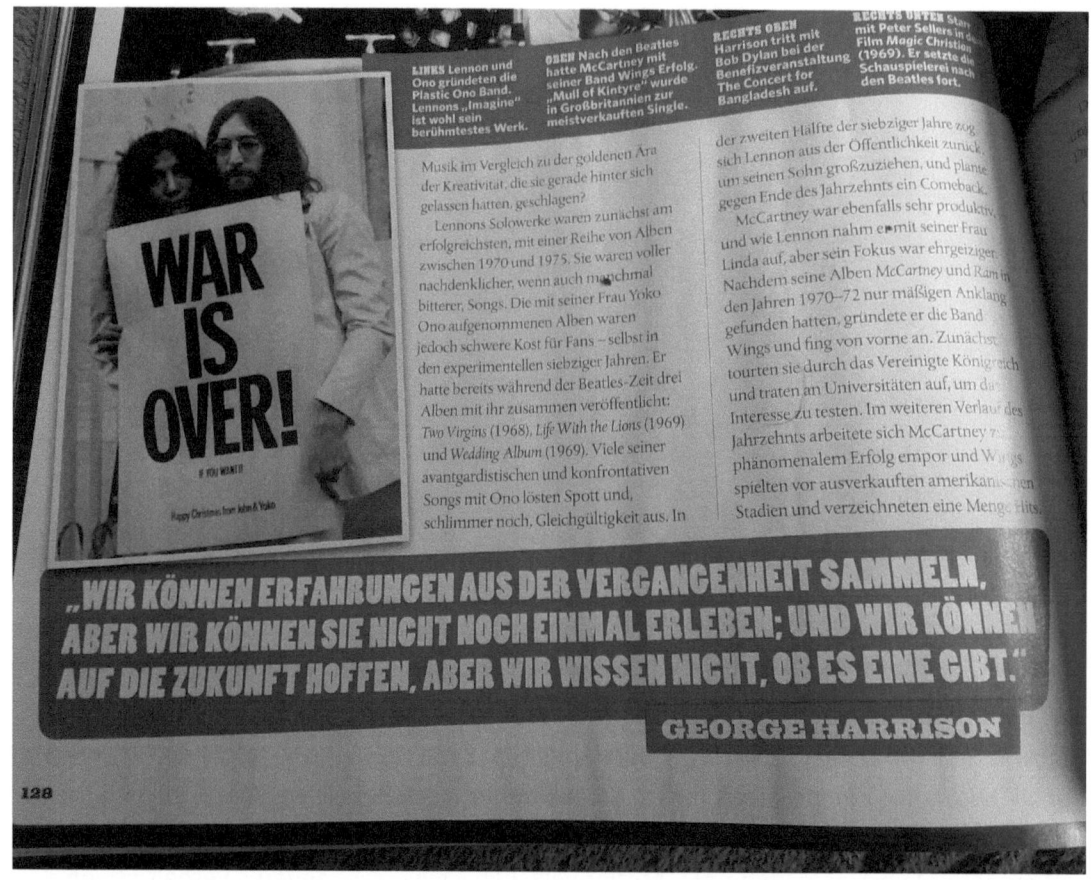

26

Ruthe.de (sehr geil-sarkastisch), der Löffel-Mega-Gag, die Chefin Katze (ich kenn es noch mit meinem Katzemäädsche 2005 - 2021), ein Foto von Landau in der Pfalz, Sinn des Lebens (?!?) von George Harrisson (aus dem Heft "Die ultimative Beatles-Kollektion", 2023).

Und meine letzten 5 CDs von mir, was ich erworben hatte, ist auch dabei:

Gerd Steinkoenig

9. Juni um 20:42 ·

Mit Deine Freunde geteilt

5 CDs erworben! Nur 30 Euro - weils eben alt ist... Dabei die legendäre Made In Japan (Deep

Purple) - bei so einem Weltkulturalbum waren es nur 5,90 Euro... Die Weiteren: Greatest Hits (Fleetwood Mac, aus den Blues-Jahren!!), Greatest Hits (Slade), Unbehagen (Nina Hagen Band, das 2. Studioalbum von der Mutter des Punk), der Sampler Music from Africa (mit Miriam Makeba!!). Aus Müller (Landau in der Pfalz)

**LANDAU IN DER PFALZ 09.06.2023**

## RESUMEE ZU MEINEM ROMÄNCHEN

Es ist frappierend. ich hatte im Roman geschrieben, die Rock (Pop)- Band Genesis sei vielleicht von der Bibel. 1966 war es einfach so, wie der Zeitgeist war, das Showgeschäft nur Spaß, Unterhaltung war (gestern bei ONE in "Mit Schirm Charme und Melone", 1967 mit Emma Peel... Sooo war es...). Zwischendrin war auch Spaß und Unterhaltung, aber viel Seriösität und Musik oder Filme waren aufeinmal Kunst (nur als Beispiel mit Musik: Sgt. Pepper's Lonely Hearts Club Band (1967), The Dark Side Of The Moon (1973), The Lamb Lies

Down On Broadway (1974) etc... Mittlerweile in den 20ern des 21. Jahrhunderts ist Musik nur noch Wegwerfware, irgendwann gibt es keine Musikalben... Und tatsächlich sagt einer: hä? Ist Genesis von der Bibel...

**ICH BIN ZU GEIL FÜR DIESE WELT**

Ich bin zu geil für diese Welt

9 Katzen in EINEM Leben

Mit Großvater 1964

Mit Bundeswehr 1979

Mit Eltern 1973

Mit Sommer 1976

Mit Sommer 1986

Mit Sommer 2003

Mit Sommer 2005

Mit Schlaganfall 2017

Mit Globetrotter-Tour 1986

Mit Old Vienna und Trocadero 1977

Mit Smile und Ting 1977

Mit meinen Büchern seit 2017

Mit meinen Fotografien seit 2010

Mit Freunden und Feinden

Mit analog 1978

Mit online 2023

Mit Erlebnissen und Erinnerungen

Mit Erfahrungen und Freundinnen

Mit meiner größten Treue

Moi Katzemäädsche Molly 2005-2021

Ich bin zu geil für diese Welt

9 Katzen in EINEM Leben

C P 17.06.2023 Gerd Steinkoenig

Gerd F Steinkoenig  Gerd Gerd


## SUCHE NACH LEBEN

SUCHE NACH LEBEN C P 17.06.2023 (ehemaliger Tag der Deutschen Einheit)

Natürlich lebe ich mein Leben

Aber ich suche nach Liebe, Neugierde, Lebensfreude

Mit normalen Menschen bin ich oft ein Außenseiter

Denn die Normalen sind oft behindert

Wegen Vorurteile, Oberflächlichkeit, Egoismus

Mit geistig Behinderten bin ich oft ein Außenseiter

Denn ich hab ein Handicap ohne geistig behindert

Ich möchte unterhalten, spielen, integrieren

Aber 70 % der geistig Behinderten interessiert das nicht

SUCHE NACH LEBEN

Ich fotografiere gerne, sauge die Momentums auf

Mit Stadtaura, Waldaura, Naturaura, Dorfaura

Momentums mit Freiheit, Kreativität, Träume

Ich schreibe gerne und jonglieren meine Worte

Durfte Bücher schreiben mit Lebensphilosophie

Musik, Lebenssinn, Erinnerungen, Erlebnisse

SUCHE NACH LEBEN

Gemeinsam Zweisamkeit

Fernweh ganz woanders

Neues Leben

SUCHE NACH LEBEN

Gerd Steinkoenig  Gerd F Steinkoenig  Gerd Gerd


**KREATIVKUNST MIT OFFICAL VIDEO-MUSIKCLIPS**

Gerd Steinkoenig

1 Tage

.

Meine Top 10 Video-Clips! Es geht NUR um die Kunst der Video-Clips!! Natürlich sind da sehr gute Songs, aber nix z.B. von Stairway To Heaven (Led Zeppelin) oder Highway Star (Deep Purple) etc. Es geht um die Video Clip-Kunst!

1 Anybody Seen My Baby (Rolling Stones)

2 Harvest Moon (Neil Young)

3 Hammer Horror (Kate Bush)

4 Free As A Bird (The Beatles)

5 Love Is Strong (Rolling Stones)

6 Bohemian Rhapsody (Queen)

7 High Hopes (Pink Floyd)

8 Sledgehammer (Peter Gabriel)

9 I Can't Dance (Genesis)

10. Crazy In Love (Beyonce)

The Rolling Stones - Anybody Seen My Baby - OFFICIAL PROMO

YOUTUBE.COM

The Rolling Stones - Anybody Seen My Baby - OFFICIAL PROMO

Now playing on Tik Tok... 👅Follow & create @TheRollingStoneshttps://rollingstones.lnk.to/Tik...

**FOTOS!!**

Trespass 1970

Nursery Cryme 1971

Foxtrot 1972

Wind & Wuthering 1976

A Trick Of The Tail 1976

Seconds Out

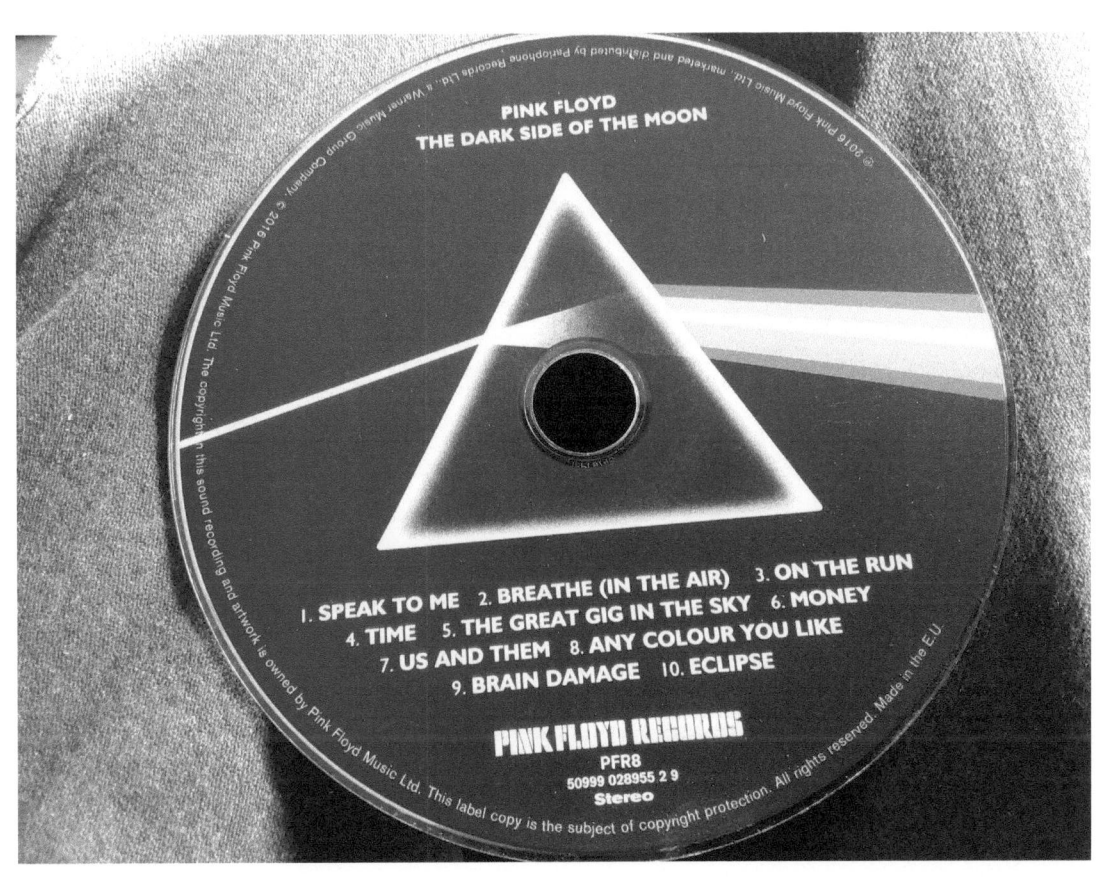

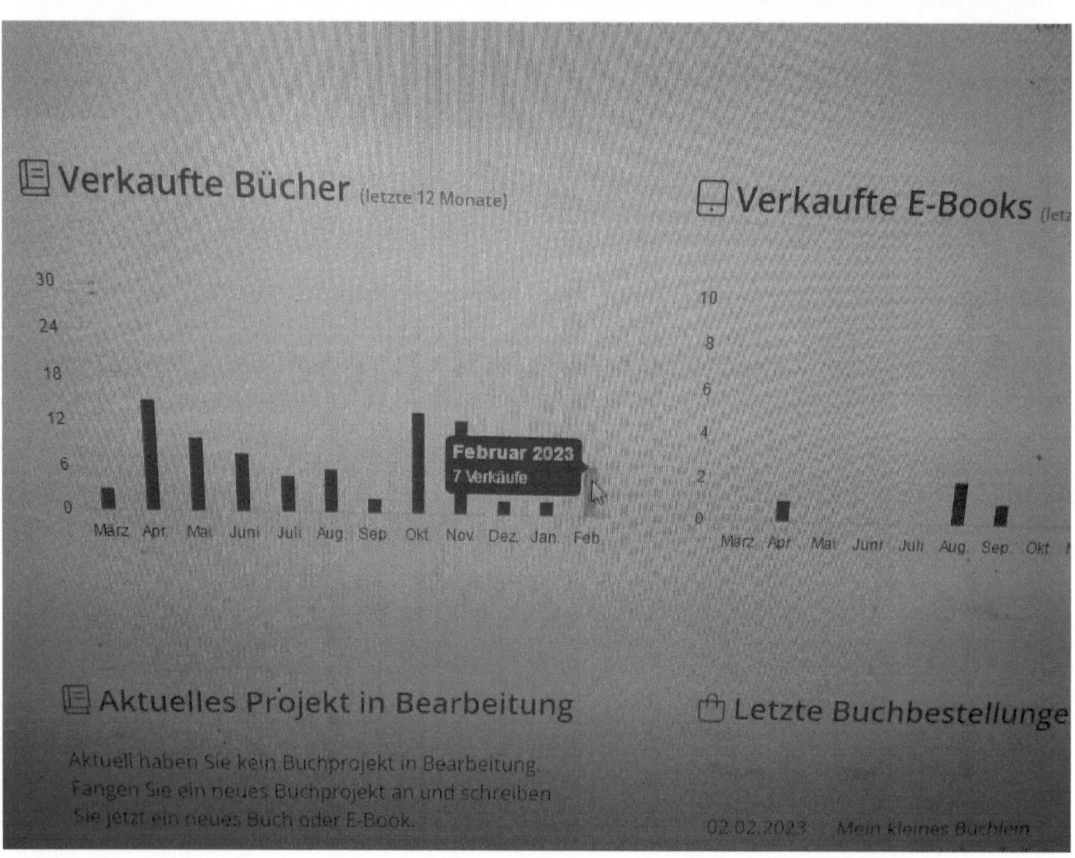

Fotos von Annweiler am Trifels, Landau in der Pfalz, Nußdorf, Musik etc von 2022, 2023 - und 1 x 2015.

## NACHWORT

Dieses Buch war ein Übergang nach meinem Buch "Mein Werbe-NO-ISBN-Buch zu meinen kompletten ISBN-Büchern - Von Blood On The Rooftops (Jan. 2017) - Art Brut (Mai 2023)". Es ist das 1. Buch mit neuen kreativen Entwicklungen. Sicherlich: nur ein Übergang mit meinem "Lehrlingsromänchen", plus die üblichen Lyrics, Prosaen, Fotos!

Die nächsten Bücher (mit logischen kreativen Pausen, Gedanken, Brainstorm etc - also weniger mit meinen Books) werden mit KURZGESCHICHTEN gefüllt sein!  Die Blood On The Rooftops bis Art Brut-Bücher sind vorbei. Nun was Neues mit fortschrittlichen Kreativitäten mit mehr Fantasien, Horizonten!

**C P Gerd Steinloenig 18. Juni 2023**